O ministério
de leitores e salmistas

"CELEBRA – Rede de Animação litúrgica – formada de pessoas, grupos e comunidades abertas ao diálogo ecumênico, comprometidas com uma liturgia cristã, fonte de espiritualidade, inculturada na caminhada solidária dos pobres."

Coleção Rede Celebra

1. *A Palavra de Deus na Liturgia* – Ione Buyst
2. *O ministério de leitores e salmistas* – Ione Buyst
3. *Homilia, partilha da Palavra* – Ione Buyst
4. *O espaço da celebração: mesa, ambão e outras peças* – Regina Céli de Albuquerque Machado
5. *Domingo, dia do Senhor* – Ione Buyst (Org.)
6. *Presidir a celebração do dia do Senhor* – Ione Buyst
7. *Pão e vinho para nossa ceia com o Senhor* – Ione Buyst
8. *Mística e liturgia: beba da fonte* – Ione Buyst
9. *Ofício Divino das Comunidades: uma introdução* – Penha Carpanedo
10. *Participar da liturgia* – Ione Buyst

IONE BUYST

O ministério
de leitores e salmistas

Dados Internacionais de Catalogação na Publicação (CIP)
(Câmara Brasileira do Livro, SP, Brasil)

Buyst, Ione
    O ministério de leitores e salmistas / Ione Buyst ; [ilustrações de Edmar Oliveira]. — 8. ed. — São Paulo : Paulinas, 2007. — (Coleção rede celebra ; 2 / coordenadores Domingos Ormonde, Penha Carpanedo)

    Bibliografia.
    ISBN 978-85-356-0708-6

    1. Igreja Católica – Liturgia 2. Ministério leigo – Igreja Católica 3. Ministros do culto 4. Palavra de Deus (Teologia) I. Oliveira, Edmar. II. Ormonde, Domingos. III. Carpanedo, Penha. IV. Título. V. Série.

07-7307   CDD-264.34

Índices para catálogo sistemático:
1. Leitores : Ministério litúrgico : Cristianismo   264.34
2. Salmistas : Ministério litúrgico : Cristianismo   264.34

10ª edição – 2011
6ª reimpressão – 2023

Direção-geral: *Maria Bernadete Boff*
Coordenação editorial: *Noemi Dariva*
Revisão: *Maurício Cruz*
Gerente de produção: *Felício Calegaro Neto*
Direção de arte: *Irma Cipriani*
Coordenação da coleção "Rede Celebra": *Domingos Ormonde e Penha Carpanedo*
Ilustrador: *Edmar Oliveira*
Capa: *Edmar Oliveira*
Editoração: *Andrea Lourenço*

Nenhuma parte desta obra poderá ser reproduzida ou transmitida por qualquer forma e/ou quaisquer meios (eletrônico ou mecânico, incluindo fotocópia e gravação) ou arquivada em qualquer sistema ou banco de dados sem permissão escrita da Editora. Direitos reservados.

Paulinas
Rua Dona Inácia Uchoa, 62
04110-020 – São Paulo – SP (Brasil)
Tel.: (11) 2125-3500
http://www.paulinas.com.br – editora@paulinas.com.br
Telemarketing e SAC: 0800-7010081

© Pia Sociedade Filhas de São Paulo – São Paulo, 2001

Sumário

Introdução 7

I. *O ministério dos leitores* 11
   1. Leitores e leitoras 11
   2. Um verdadeiro ministério litúrgico 13
   3. No entanto, vejam a situação... 14
   4. Fazer a leitura? Ou proclamar a Palavra? 14
   5. Uma realidade sacramental feita de sinais sensíveis 15
   6. Ministros e ministras da Palavra 16
   7. Proclamar com os lábios e com o coração 17
   8. Uma doença a ser curada: o formalismo 19
   9. Um elenco de leituras para cada tipo de celebração? 20
   10. Como preparar uma leitura? 22
   11. Como proclamar uma leitura? 28
   12. Como proclamar o evangelho? 34

II. *O ministério dos salmistas* 41
   1. O que é um salmo? 41
   2. Os salmos nas comunidades cristãs. 42
   3. O salmo de resposta na liturgia da Palavra. 44
   4. Onde encontramos o salmo de resposta? 45
   5. O problema da numeração dos salmos. 46
   6. Os salmos no Lecionário Dominical. 47
   7. Os salmistas. 50
   8. Como cantar o salmo? 51

Indicação de leituras para aprofundamento do assunto 55

Introdução

No primeiro livro desta coleção, *A Palavra de Deus na liturgia*, falamos sobre a importância desta Palavra como realidade sacramental. Lembramos como o Senhor tem uma Palavra viva, atual, transformadora, para cada comunidade celebrante e para cada um(a) dos participantes. Lembramos que Jesus Cristo é o centro da liturgia da Palavra e que ele nos fala por seu Espírito em cada celebração e nos envia como testemunhas dele. Falamos ainda das várias partes da liturgia da Palavra e como podemos realizá-las.

O presente livro, que é o número 2, supõe que você já tenha lido o anterior. Haverá um terceiro, falando sobre a homilia, que também diz respeito à Palavra de Deus na liturgia. Os três textos formam, portanto, um conjunto.

De que vamos tratar agora? Como bem diz o título, do ministério de leitores e salmistas: quem pode assumir este ministério, em que consiste este serviço, onde encontrar e como preparar e proclamar uma leitura e um salmo, como proclamar um evangelho... Quando falarmos de leitores e salmistas estaremos nos referindo sempre a homens e mulheres que assumem este serviço na comunidade.

Neste segundo livrinho, estaremos aproveitando alguns artigos publicados na Revista de Liturgia[1].

Estamos escrevendo para comunidades pertencentes à Igreja Católica Romana, mas certamente outras Igrejas se reconhecerão neste pequeno escrito, feito em perspectiva ecumênica. Da mesma forma, também comunidades católicas poderão aprender com estudos feitos em outras Igrejas cristãs. Na Igreja Católica, os seguintes documentos são uma referência importante para o serviço de leitores e salmistas:

SC = Sacrosanctum Concilium: a constituição conciliar (Concílio Vaticano II, 1964) sobre a Sagrada Liturgia. O texto pode ser encontrado no Compêndio: *Vaticano II: mensagens, discursos, documentos*. São Paulo, Paulinas, 1998.

IGMR = Introdução Geral ao Missal Romano. O texto encontra-se no início do Missal Romano.

IELM = Introdução ao Elenco das Leituras da Missa. O texto encontra-se no início dos lecionários.

---

[1] Ione Buyst, *O leitor e a proclamação da palavra nas celebrações do povo de Deus*. In: *Revista de Liturgia*, n. 33, 1979; Ione Buyst, *Palavra de Deus, livro? Ou pessoa viva?* In: RL, n. 89, 1988; Ione Buyst, *Novo jeito de proclamar o evangelho...* In: RL, n. 97, 1990.

Para citar as Sagradas Escrituras, usamos a tradução da Bíblia Sagrada – Edição Pastoral, Paulus, São Paulo, com algumas pequenas alterações. A numeração dos salmos segue sempre a Bíblia hebraica, como se faz na maioria das bíblias hoje em dia. (Os lecionários costumam seguir a numeração da tradução grega da Bíblia.)

Sugerimos o estudo do texto em comunidade ou na reunião da equipe de liturgia, completado com a leitura individual. Sempre que possível, abram a Bíblia, leiam, analisem e meditem as passagens indicadas. Analisem a prática litúrgica de vocês, aproveitando as perguntas ao longo do texto.

I. O ministério dos leitores

1. Leitores e leitoras

Não há celebração litúrgica sem que haja ao menos uma breve leitura tirada das Sagradas Escrituras. Na leitura individual cada pessoa faz a leitura para si mesma, mas na celebração a leitura é comunitária. Portanto, alguém deverá fazê-la para que todos ouçam.

Quem deverá fazer a leitura? Quais são os *requisitos* para poder ser leitor ou leitora? Tudo depende do tipo de comunidade e de sua forma de organização:

- Numa reunião mais informal, numa comunidade de base ou numa comunidade doméstica, costuma haver bastante liberdade. Qualquer participante que saiba ler e fazer a leitura de forma compreensível, poderá fazê-la. Algumas vezes a própria pessoa se oferece: "Posso fazer a leitura?". Ou então, outras pessoas sugerem: "Fulano ou fulana, você poderia fazer a leitura pra gente?"

- Numa liturgia dominical coordenada por uma equipe, as leituras são preparadas com antecedência. Portanto, quem vai fazer a leitura deverá sabê-lo de antemão. Geralmente, há vários leitores e leitoras que se revezam, em rodízio.

- Na missa (celebração eucarística) e nas celebrações dos outros sacramentos (batismo, confirmação, reconciliação, matrimônio etc.), a proclamação do Evangelho cabe ao diácono (IELM, n. 50). Portanto, não é uma função presidencial, mas diaconal. Se não houver diácono, a orientação oficial é que neste caso o padre proclame o evangelho (IGMR, n. 34; IELM, n. 49). Em algumas comunidades, são leigos ou leigas que assumem essa função diaconal, assim como assumem outras funções desse tipo como, por exemplo, as preces dos fiéis.

- Nas celebrações dominicais da Palavra sem ministro ordenado, o evangelho é proclamado por ministros ou ministras leigas.

- Quando o evangelho é dramatizado ou proclamado em forma de jogral, outras pessoas são envolvidas.

- As outras leituras são confiadas ao ministério dos leitores. Trata-se de um ministério próprio, reservado a eles ou elas, mesmo que haja padre ou diácono presente na celebração (IGMR, 66; IELM, n. 51). Portanto, nem diácono nem padre deverá "roubar" este ofício do leitor ou leitora, ainda que seja numa celebração muito solene.

- Em 1972, a Igreja Católica Romana criou uma "instituição" para os leitores. O ministério de leitor é conferido oficialmente por ato litúrgico. Infelizmente, as mulheres estão excluídas desta instituição. Talvez seja por isso que, na pastoral, esta instituição é praticamente inexistente. Ficamos com os leitores e leitoras "reconhecidos(as)", que assumem o ministério sem título oficial especial. Atuam por conta de seu sacerdócio batismal.

- Para se poder exercer bem este serviço e com conhecimento de causa, é importante que seja oferecida uma formação bíblica, litúrgica, espiritual e prática.

2. Um verdadeiro ministério litúrgico

A constituição sobre a Sagrada Liturgia do Concílio Vaticano II (SC) afirma no n. 29: "...os ajudantes, leitores, comentadores e componentes da *Schola Cantorum* (os cantores) desempenham um verdadeiro ministério litúrgico."

Isto significa que:

- Os leitores e leitoras não estão aí para ajudar o padre, como muitos continuam pensando. Assumem um *ministério próprio*. Atuam a partir de seu sacerdócio de batizados.

- Não trabalham por conta própria, mas como *representantes de Cristo, animados por seu Espírito*. É Cristo mesmo que fala quando se lêem as Sagradas Escrituras na Igreja (SC, n. 7).

- Estão aí não para exercer um poder sobre a comunidade ou para aparecer. Ao contrário, trata-se de um *serviço comunitário, eclesial*. São chamados a prestar um serviço (ministério) aos irmãos e irmãs reunidos em assembléia.

3. No entanto, vejam a situação...

Ainda é bastante comum a gente chegar no início de uma celebração litúrgica e perceber que a equipe de liturgia está procurando leitores para aquela celebração. É muito comum também as leituras serem lidas de folhetos chamados de "litúrgicos", o padre beijar o folheto no final do evangelho, não se ter estante própria para a Palavra. É muito comum ainda o leitor não se comunicar com a assembléia e o povo todo acompanhar a leitura lendo no folheto, cada um por si. Em algumas comunidades insiste-se em que todos tragam a Bíblia para fazer este acompanhamento individual. O que pensar de tudo isso?

4. Fazer a leitura? Ou proclamar a Palavra?

Geralmente, quem aborda uma pessoa para ser leitor ou leitora, diz o seguinte: "Você pode fazer a leitura hoje?" Fazer uma leitura assim, até que é relativamente fácil. Se não houver palavras complicadas no texto e se o leitor tiver um mínimo de prática, poderá se sair até bem. Acontece que na liturgia não se trata de *fazer a leitura*, simplesmente. Trata-se de proclamar a Palavra. Qual é a diferença?

Pode até parecer uma questão de termos, apenas. Mas não é.

Fazer a leitura significa ir lá na frente, ler o que está escrito, para informação minha e da comunidade. Ou, no pior dos casos, é apenas uma formalidade: celebração supõe leitura, alguém deve fazê-la; pouco importa se os presentes entenderam o que foi dito ou se foram atingidos pelo que ouviram.

Proclamar a Palavra é um gesto sacramental. Coloco-me a serviço de Jesus Cristo que, através da minha leitura, da minha voz, da minha comunicação... quer falar pessoalmente com o seu povo reunido. O documento conciliar sobre a Sagrada Liturgia (Sacrosanctum Concilium) o exprime da seguinte maneira no artigo 7: "Presente está pela sua Palavra, pois é ele mesmo que fala quando se lêem as Sagradas Escrituras na Igreja", isto é, na comunidade reunida.

5. Uma realidade sacramental feita de sinais sensíveis

A presença de Jesus Cristo pela sua Palavra é uma presença simbólico-sacramental. Passa pelos sinais sensíveis: o leitor, a leitura, o tom de voz, o lugar da proclamação, a comunicação entre leitor e ouvintes, a disposição em ouvir da parte da assembléia...

Os sinais realizam o que significam. Mas a significação não é automática: depende da compreensão. Depende, portanto, de um trabalho a ser feito pela equipe, preparando os leitores e preparando o povo. Como poderá haver comunicação entre Jesus e o povo reunido, se os microfones não funcionam bem, se o leitor ou a leitora não pronuncia direito as palavras, se a estante da Palavra fica escondida atrás de um pilar, ou se os leitores ficam escondidos atrás da estante? Como poderá haver comunicação entre Jesus e o povo reunido se a leitura vem numa linguagem tão complicada ou erudita que o povo não acompanha; se a homilia não ajuda a olhar a vida, a realidade do dia-a-dia com os olhos de Deus?

6. Ministros e ministras da Palavra

Leitura não é aula, não é informação, não é noticiário... Leitura é Jesus Cristo presente com o seu Espírito, falando na comunidade, anunciando o Reino, denunciando as injustiças, convocando a comunidade, convidando-a para a renovação da Aliança, a conversão, a esperança, a ação..., purificando e transformando-nos. Por isso, alguém da comunidade é chamado a ser ministro, servidor desta Palavra.

Não é só pelo conteúdo da leitura, mas por todo o seu modo de ser e de falar, de olhar e de se movimentar, que o leitor ou a leitora deverão ser, no meio da comunidade, sinais vivos do Cristo-Palavra e do seu Espírito. Se fosse pelo conteúdo da leitura apenas, poderia ser mais interessante cada pessoa ler sozinha num folheto ou na Bíblia. Mas a leitura litúrgica é um acontecimento comunitário e sacramental. Jesus Cristo fala à comunidade reunida pela mediação do leitor ou da leitora. E o Espírito está presente na pessoa que lê e está atuante também nos ouvintes para que acolham a Palavra em suas vidas. Os ouvintes devem ouvir, escutar, acolher a Palavra. Ouvem as palavras proclamadas pelos leitores, e têm os olhos fixos neles para não perderem nem uma vírgula, nem um sinal daquilo que é anunciado.

É evidente que o leitor deverá ler e meditar a leitura em casa, durante a semana para poder ser ministro da Palavra. Ele deverá de alguma maneira "sumir" diante do Cristo a quem empresta sua voz e seu jeito de se comunicar.

O leitor é também ouvinte. Enquanto proclama a Palavra, ele presta atenção, com toda a comunidade, para tentar perceber o que o Espírito está querendo dizer à Igreja naquele dia.

7. Proclamar com os lábios e com o coração

O Missal Romano prevê um pequeno gesto feito em silêncio, que pode nos mostrar claramente como deve ser a atitude dos leitores:

Antes de o diácono proclamar o evangelho na missa, ele se inclina diante do presidente da assembléia e pede a sua bênção; o presidente então diz: "O Senhor esteja em teu coração e em teus lábios para que possas anunciar dignamente o seu evangelho: em nome do Pai e do Filho e do Espírito Santo".

Quando é o próprio padre que faz a proclamação, ele se inclina diante do altar e reza assim: "Ó Deus todo-poderoso, purificai-me o coração e os lábios para que eu anuncie dignamente o vosso santo evangelho".

Todos os leitores poderiam inspirar-se nestes dois textos para sua oração e atitude interior antes da proclamação da leitura. Os dois se referem ao coração e aos lábios:

- ao coração, porque é nele que acolhemos a Palavra e o Espírito do Senhor que é Amor. A proclamação deverá partir do coração.

- aos lábios, porque são o instrumento de comunicação. "Lábios" significa aqui todo o esforço feito para que a Palavra concebida no coração sob a ação do Espírito possa atingir o coração dos ouvintes, possa gerar neles a Palavra que quer fazer-se carne outra vez em nossa vida, em nossa realidade. "Lábios" significa: dicção, entonação de voz, ritmo, respiração, ênfase...

De fato, devemos deixar que o Senhor esteja presente neste processo de comunicação e, por isso, deverá ser realizado com toda dedicação e unção possíveis. Também o olhar e a postura do corpo têm parte nesse processo de comunicação e até mesmo o alto-falante e a instalação do som.

> Será que em nossas comunidades os leitores e as leitoras estão sendo, de fato, sinais vivos do Cristo que fala a seu povo reunido? Anunciam com o coração e com os lábios?

8. Uma doença a ser curada: o formalismo

Em muitas comunidades, a liturgia da Palavra ainda sofre de uma doença muito séria: o formalismo, a rotina. É urgente que nos curemos deste mal. Devemos redescobrir a liturgia da Palavra como um diálogo vivo e atual de Jesus com os seus discípulos, um diálogo amoroso, através do qual o Senhor vem alimentar nossa esperança, podar nossos vícios, aprofundar nossa fé, botar a comunidade com mais firmeza no caminho do Reino.

Mas isso só é possível se gastarmos tempo e energia na formação dos ministros da Palavra e da oração, se levarmos a sério a presença atuante e dinâmica do Senhor e do seu Espírito em cada liturgia da Palavra que realizarmos.

9. Um elenco de leituras para cada tipo de celebração

Para todos os tipos de celebração litúrgica existe um elenco de leituras bíblicas, adequadas a cada caso. Há leituras próprias à escolha para as celebrações de batismo, de casamento, de bênçãos, de exéquias, de visita a um doente...

De certa forma, o elenco mais importante é para as celebrações de *domingo*, por ser o domingo a festa mais importante dos cristãos. É páscoa semanal. Por isso, queremos lembrar aqui brevemente como está organizado este elenco ou roteiro.

Houve a preocupação de oferecer a todo o povo cristão que participa da celebração de domingo, uma leitura das partes mais importantes das Sagradas Escrituras, ao longo de três anos. Cada ano vem caracterizado pela proclamação de um dos evangelhos chamados *sinóticos*: Ano A, Mateus; ano B, Marcos; ano C, Lucas. O evangelho de João ocupará as festas e os tempos fortes do ano litúrgico: advento, tempo do natal, quaresma, tempo pascal; e João 6 virá completar o evangelho de Marcos, no ano B. Para os domingos do tempo comum, é a partir dos evangelhos que foram escolhidas as primeiras leituras. O salmo responde à primeira leitura e a aclamação ao evangelho geralmente é tirada do evangelho do dia. A segunda é uma leitura *semi-contínua* das cartas do Novo Testamento, isto é, foram escolhidas as passagens mais significativas destas cartas, sem preocupação de ligá-las com os outros textos bíblicos. Somente há ligação de um domingo a outro. Vejamos o esquema:

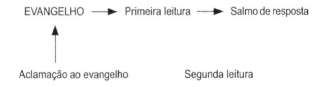

Para os *dias da semana*, há um elenco de leituras bíblicas para dois anos:

- Anos pares (por exemplo, 2004, 2006...)
- Anos ímpares (por exemplo, 2005, 2007...)

Para cada dia estão previstos uma leitura, um salmo e um evangelho. O evangelho é o mesmo a cada ano; o que muda é a primeira leitura e o salmo.

Há muitas agendas, calendários bíblico-litúrgicos e até bíblias que trazem a indicação das leituras do dia.

Em algumas ocasiões, a leitura poderá ser escolhida de acordo com as circunstâncias.

10. Como preparar uma leitura?

10.1. Preparação com a equipe de liturgia

Normalmente, os leitores e leitoras participam da reunião da equipe, na qual toda a celebração é preparada em conjunto. São lidas e meditadas as leituras bíblicas da celebração que se está preparando. Procura-se perceber qual poderá ser a Palavra do Senhor para a comunidade na realidade que está vivendo. Prepara-se em grandes linhas o roteiro da celebração, a homilia, os cantos, os gestos e ações simbólicas... Dividem-se as tarefas.

10.2. Preparação pessoal

Para poder transmitir a Palavra de Deus contida na leitura e atingir com ela a assembléia ouvinte, é necessário que o leitor conheça e entenda aquilo que está lendo.

Primeiro, *o texto em si*: saber em que circunstâncias foi escrito, a quem foi dirigido, quem está falando e com que objetivo... Depois, saber o sentido do texto *no conjunto da revelação e do mistério de Cristo*, para que o texto possa se tornar uma Palavra de salvação *para nós, hoje*.

O alto funcionário de Candace, rainha da Etiópia, certamente sabia ler; entendia perfeitamente cada palavra que lia do capítulo 53 do profeta Isaías; porém, escapava-lhe o sentido revelador: "Você entende o que está lendo?", perguntou-lhe Filipe. E ele respondeu: "Como posso entender, se ninguém explica?" (...) Filipe então foi explicando. E, tomando essa passagem da Escritura como ponto de partida, anunciou-lhe Jesus."

> Vejam a passagem inteira em Atos 8,26-40.

O leitor não pode ser daqueles que andam com um véu na frente dos olhos e do coração e, por isso, não compreendem as Escrituras (ver em 2 Coríntios 3,12-18). Um leitor que não entende aquilo que está lendo, transmitirá dúvidas. Somente o leitor que conhece a leitura e acredita naquilo que lê, será capaz de fazer da leitura um verdadeiro anúncio da Palavra.

Por isso, os leitores devem ter a oportunidade de fazer cursos bíblicos e de ter livros e revistas à disposição, que os ajudem nessa tarefa.

Principalmente as leituras para a celebração de domingo, merecem ser preparadas com muito esmero. Se sabemos que caberá a nós proclamar a leitura no domingo, podemos ir nos preparando desde o início da semana, lendo e estudando, meditando e assimilando..., recebendo esta Palavra como uma mensagem pessoal, antes de proclamá-la na comunidade. Quem conhece o *método da leitura orante da Bíblia*, também chamada de *lectio divina*, poderá usá-lo nessa preparação, seguindo seus quatro passos: leitura, meditação, oração, contemplação. De qualquer forma, a preparação inclui: conhecer bem o texto, sintonizar com ele, treinar a expressão do texto, meditar e orar o texto, como veremos a seguir.

10.3. Conheça bem o texto

Uma passagem das Sagradas Escrituras é sempre tirada de um dos 73 livros que compõem a Bíblia. Para entender a passagem, é preciso levar em conta o livro todo, com sua história, seu autor, o tempo e as circunstâncias em que foi escrito. Se possível, recorra a um subsídio com alguma explicação sobre as leituras de cada domingo[2]. As seguintes perguntas também podem ajudar nesse trabalho:

- Qual o *contexto* deste texto na Bíblia? (Onde e em que época foi escrito? Em que momento histórico, político, social? Para quem foi escrito? Com que objetivo?). Em que parte do livro se encontra a passagem que será lida?

---

[2] Por exemplo: *Vida Pastoral*. São Paulo, Paulus; GUIMARÃES, Marcelo & CARPANEDO, Penha. *Dia do Senhor*. Guia para as celebrações das comunidades. São Paulo; ZAVAREZ, Maria de Lourdes & OLIVEIRA, Maria do Carmo. Preparando o Dia do Senhor. In: *Revista de Liturgia*, 2004 em diante; KONINGS, Johan. *Espírito e mensagem da liturgia dominical;* subsídios para a liturgia, preparação e catequese, anos A, B e C. Petrópolis, Vozes, 1986.

- Quais são os *personagens* que aparecem na passagem da leitura? (O que fazem ou dizem? Por quê? Com que objetivo? Como se relacionam? O que sentem?)
- Em que *ambiente* está se passando? (No deserto? Na cidade? No meio da multidão?...)
- Qual o assunto ou a mensagem, ou *a idéia principal* do texto?
- Qual o *gênero literário*? (Carta? Norma jurídica? Oração? História de uma viagem? Parábola? Provérbio? hino? Exortação? Profecia? Acusação?...)
- Há *palavras difíceis* no texto? Use o dicionário. Não só o dicionário de português, mas também, conforme o caso, um dicionário bíblico. Se for preciso, troque as palavras difíceis por outras equivalentes, conhecidas pelos ouvintes. (Por exemplo: em João 15, troquem "videira" por "parreira" etc.).
- Tente perceber as várias *partes da leitura* (a introdução, o final, o ponto alto etc.).

10.4. Sintonize com o texto

Sintonizar com o texto quer dizer: reconhecer-se dentro do texto, identificar-se com algum personagem ou com a situação narrada no texto. Pergunte: isto já aconteceu conosco? Isto serve para nós? Isto diz respeito à nossa realidade? Qual a mensagem de Deus para nós nesta passagem da Bíblia?

Vejam também a relação da leitura com a festa litúrgica e com as outras leituras. Perguntem: por que foi escolhida esta leitura? Qual é o sentido da leitura em seu contexto litúrgico? De que maneira esta leitura *acontece* para nós na celebração?

10.5. Treine a expressão do texto

- Grife as *palavras mais importantes* e a frase principal.
- Marque *as pausas e os silêncios*. (Vejam bem: o silêncio é muito importante para a Palavra. Sem o silêncio, a Palavra se perde no barulho).
- Procure o *tom de voz* que combina com o gênero literário do texto, com os sentimentos expressos pelo texto.
- Dê *ênfase* às palavras mais importantes.
- Preste atenção ao *ritmo* que mais combina com cada parte do texto. (Depressa, mais devagar, "freando" ou "acelerando"...)
- Cuide da *respiração*, aspirando pelo nariz e sem fazer barulho.
- Cuide da *dicção*, pronunciando bem cada palavra, cada sílaba...
- Diga o texto algumas vezes em voz alta.

10.6. Faça da leitura uma meditação, uma oração

Guarde e medite a Palavra no coração, como fez Maria (cf. Lucas 2,19.51). "Coma" a palavra, como fez Ezequiel (3,1-11) e João (Apocalipse 10,10-11). Aprenda de cor as passagens mais significativas e repita-as várias vezes ao longo do dia, meditando-as.

Comece a preparar a leitura de sábado ou domingo no início da semana; assim terá o tempo necessário para assimilar melhor a Palavra no coração e na vida.

10.7. Prepare uma introdução ao texto.

- Situe o texto no seu contexto na Bíblia (por exemplo, para introduzir a leitura de 1 Coríntios 11,17-34, você poderá dizer: "Quando os cristãos da cidade de Corinto se reuniam para a refeição fraterna e a celebração da Eucaristia, os ricos não repartiam com os pobres. São Paulo fica sabendo disso e escreve indignado".)

- Faça uma pergunta para despertar nos ouvintes o sentido do texto para nós hoje (por exemplo, "Se são Paulo viesse às nossas celebrações, ficaria satisfeito?").

---

1) Como costuma ser feita a preparação das leituras em nossa comunidade?
2) O que se pode aprender com o roteiro acima?

11. Como proclamar uma leitura?

11.1. Ler?

Não basta ler. É preciso proclamar a leitura como Palavra de salvação. Como Palavra que proclama o amor e a bondade de Deus; Palavra que liberta, dá vida, ressuscita. Como Palavra que nos corrige, nos "poda", nos purifica; como Palavra que denuncia as injustiças e a maldade; que nos chama à conversão e à comunhão com Deus e com os irmãos.

A Palavra transmitida pela leitura sempre deve atingir os ouvintes (e o próprio leitor é também um deles!), para que escolham entre a bênção e a maldição, entre a vida e a morte:

> Hoje eu tomo o céu e a terra por testemunhas contra vocês: eu lhe propus a vida ou a morte, a bênção ou a maldição. Escolha, portanto, a vida, para que você e seus descendentes possam viver, amando ao Senhor seu Deus, obedecendo-lhe e apegando-se a ele... (Deuteronômio 30,19-20).

A Palavra transmitida pela leitura deve atingir os ouvintes e fazer brotar do coração deles uma profissão de fé: "... Estes sinais foram escritos para que vocês acreditem que Jesus é o Messias, o Filho de Deus. E para que, acreditando, vocês tenham a vida em seu nome" (João 20,31).

11.2. Acontece hoje

A preocupação principal da leitura não é com o passado, mas sim com o futuro e com o presente. A cura da sogra de Pedro, que logo em seguida "começou a servi-los", é um apelo e um convite, para que a gente, tocada pela Palavra e pela graça de Cristo, se disponha a servir os outros. A multiplicação dos pães não deve apenas suscitar a nossa admiração, mas deve nos levar a fazer o mesmo *hoje:* repartir o que temos, que certamente ainda sobrará...

"*Hoje* se cumpriu essa passagem da Escritura, que vocês acabam de ouvir", diz Lucas 4,21. E o salmista nos pede: "Oxalá vocês escutem *hoje* o que o Senhor diz: 'Não endureçam seus corações como aconteceu em Meribá'..." (Salmo 95, 7-8).

A leitura deve ressoar dentro do contexto de nossa vida atual, com suas alegrias e seus problemas, conflitos e tensões... Ela deve penetrar no interior de cada indivíduo e iluminar e julgar a sua consciência e seus atos: "A Palavra de Deus é viva, eficaz e mais penetrante do que qualquer espada de dois gumes. Ela penetra até o ponto onde a alma e o espírito se encontram, e até onde juntas e medulas se tocam. Ela sonda os sentimentos e pensamentos mais íntimos. Não existe criatura que possa esconder-se de Deus; tudo fica nu e descoberto aos olhos dele; e a ele devemos prestar contas" (Hebreus 4,12-13).

11.3. Quem fala?

A força que a leitura tem de penetrar em nossa vida não vem da leitura em si, das palavras ou da narrativa; não vem tampouco da interpretação do leitor. A força da leitura vem da Palavra de Deus, do Verbo de Deus: Jesus Cristo ressuscitado, pois, "quando se lêem as Sagradas Escrituras na Igreja, é Cristo mesmo que fala" (SC, n. 7).

O leitor é portanto um ministro, um servidor da Palavra, um porta-voz do Senhor. Não fala em nome próprio. É canal de comunicação. Instrumento de ligação. Ponte entre Jesus Cristo e o seu povo.

Cada uma das pessoas presentes é um mundo à parte. O que não estará passando pela cabeça dessa gente? O que não estarão sentindo? Com quantas coisas não estarão preocupados?... E o Cristo, que conhece o íntimo de todos, vai ao encontro de cada uma dessas pessoas. Olha para elas e as chama para segui-lo: Ele é o ponto de chegada que todos nós procuramos ansiosos, às vezes, sem saber.

Para poder desempenhar seu papel, o leitor deverá ter para com seus irmãos os sentimentos de Cristo Jesus (cf. Filipenses 2,5). E, por isso, deverá familiarizar-se com o Senhor pela oração, pela leitura freqüente da Bíblia, pela comunhão de vida com ele...

11.4. Para cada leitura um tom diferente

É muito comum os leitores usarem o mesmo tom para todas as leituras: um tom bem característico; em geral, bastante impessoal.

No entanto, as leituras tiradas da Bíblia pertencem a gêneros literários bem diferentes. Às vezes se trata da narração de um fato histórico, outras vezes se trata de uma poesia ou de uma norma jurídica; às vezes será uma parábola, ou um ensinamento, ou uma profecia..., outras vezes será um hino, ou uma oração, ou um provérbio, ou uma carta, ou um diário de viagem etc...

A cada gênero literário deve corresponder um tom diferente, uma maneira diferente de dizer a leitura. Não se lê uma poesia como se fosse uma notícia de jornal: o tom do locutor que irradia o jogo de futebol é diferente do tom que usa o namorado para declarar seu amor à sua namorada... Ou, passando para os exemplos da Bíblia: não podemos ler a Paixão de Jesus no mesmo tom que a pesca milagrosa ou o "Glória" dos anjos nos campos de Belém.

11.5. Exprimir os sentimentos do autor e dos personagens apresentados

Na primeira leitura da missa de Pentecostes nós lemos:

A multidão estava admirada e espantada. Diziam uns aos outros: estes que estão falando não são todos galileus? Como é que nós os entendemos em nossas próprias línguas?

Ao proclamar estas frases, o leitor deverá exprimir os sentimentos daquela multidão e, portanto, dizer aquilo com certo espanto e admiração. O leitor não pode fazer teatro ou dramatizar demais, porque a leitura é diferente do teatro: o leitor não assume o papel dos personagens ou do autor, ou de Deus, como seria o caso do teatro. Na leitura, o leitor continua sendo uma terceira pessoa que, junto com os demais, ouve o que Deus tem a nos dizer... Mas o leitor não pode também ficar insensível, neutro... Ele deve ler de tal maneira que a leitura "aconteça" aos olhos dos ouvintes.

11.6. Leitura dramatizada ou narrada

Para intensificar a comunicação, e quando a leitura apresenta vários personagens, pode ser útil distribuir entre várias pessoas as diversas partes, tal como se costuma fazer para a proclamação da Paixão do Senhor na Semana Santa.

Outra possibilidade, lembrada por Carlos Mesters,[3] é a narrativa no lugar da leitura. Ele lembra como a Bíblia "nasceu como narrativa de fatos e acontecimentos bem concretos, transmitidos oralmente, durante séculos, antes de serem fixados por escrito". Depois, na prática com as comunidades de base, ob-

---

[3] MESTERS, Carlos. *Flor sem defesa*. In: Sedoc, out. 76 – col. 346.

servou como o povo tem mais facilidade de entender o texto narrado do que o texto lido. A narração prende muito mais a atenção: "Na hora em que você deixar de lado o texto escrito e for dizendo a mesma coisa em forma de narrativa, sem o texto na mão, como sendo coisa sua que sai da sua boca, aí todos ficam atentos e entendem o que você diz". É que "grande parte de nosso povo está mais acostumado com a narrativa do que com a leitura". O autor ainda lembra que uma tal iniciativa exigirá mais preparação e que "a leitura solene da Palavra poderia vir no fim, depois da reflexão, como uma espécie de ritual de encerramento".

11.7. Em frente da assembléia

- No momento de proclamar a leitura, suba à estante com tranqüilidade.

- Coloque-se em pé, com a cabeça erguida; as costas retas para poder respirar melhor; as mãos na estante com o Livro. Onde houver microfone, veja se está ligado e se está na altura e na distância certa.

- Olhe para a assembléia, "reúna", "chame" o povo com o olhar...; jogue como que uma ponte até às últimas fileiras; estabeleça contato. Tudo isto em silêncio. (É o silêncio que valoriza a palavra). Não olhe com cara feia, mas deixe que o seu rosto exprima um pouco os sentimentos do Senhor Jesus para com o seu povo.

- Faça uma breve introdução à leitura, em tom de conversa. (A não ser que outro ministro(a) já o tenha feito).

- Faça a leitura, de maneira calma e pausada, com dicção clara, e observando tudo o que ficou dito acima. Não perca o contato com a assembléia.

- No final da leitura, aguarde a resposta da assembléia e depois, tranqüilamente, deixe a estante e volte a seu lugar.

E assim – com a ajuda de Deus – possa a leitura se tornar para você e para todos uma Palavra de salvação.

12. Como proclamar o evangelho?

Sendo o evangelho o ponto central da liturgia da Palavra, merece receber um destaque especial, principalmente na celebração eucarística (missa) e na celebração dominical da Palavra.

O ministro da proclamação do evangelho é o diácono, o padre, ou ministro ou ministra não ordenada, ou ainda o pequeno grupo da dramatização ou do jogral, como ficou explicado, no n. 1, p. 12.

Havendo Evangeliário, pode-se ir buscá-lo no altar. Na missa, o diácono (ou outro ministro ou ministra) poderá pedir e receber a bênção da presidência da celebração. Depois, encaminha-se para a estante da Palavra com o Evangeliário, possivelmente acompanhado por acólitos e/ou acólitas com velas e incenso, enquanto coro e povo cantam a aclamação ao Evangelho. Não havendo Evangeliário, o Evangelho será proclamado da Bíblia ou do Lecionário, que já se encontram na estante desde o início da celebração ou desde o início da liturgia da Palavra.

Há ainda uma outra maneira em uso, principalmente nas comunidades. O ministro da proclamação do Evangelho aguarda na estante ou perto dela. Um cortejo faz uma entrada festiva com o Livro, acompanhado de velas, incenso, flores, canto de aclamação, muitas vezes também com dança; no final, o livro é entregue ao ministro.

O ministro recebe o Livro, coloca-o na estante e saúda a assembléia: "O Senhor esteja convosco", ou "O Senhor esteja com vocês". Em seguida, anuncia a leitura: "Proclamação do Evangelho de Jesus Cristo segundo..., (Mateus, Marcos, Lucas, ou João)". Enquanto diz isso, faz um pequeno sinal-da-cruz no Livro, depois na testa, na boca e no peito, pedindo interiormente que o Senhor esteja em sua mente, em sua boca, em seu coração quando proclama a Palavra. Depois disso, poderá incensar o Livro. Em seguida, proclama o Evangelho do dia.

Principalmente em dias de festa, ou até mesmo a cada domingo, o evangelho poderia ser cantado, com uma melodia bem simples, tipo salmodia. Mas é preciso treinar bem antes, para que a música expresse e realce o sentido das palavras.[4]

No final da proclamação, o ministro diz ou canta: "Palavra da Salvação!" A comunidade responde, dizendo ou cantando: "Glória a vós, Senhor!" O ministro poderá erguer o Livro, apresentando-o à assembléia, enquanto esta repete a aclamação ao Evangelho e/ou bate palmas, em sinal de apreço e de alegria pela Palavra ouvida. Em algumas ocasiões, poderá ser significativo o ministro repetir uma ou outra frase importante do Evangelho já proclamado.[5]

O Livro é para nós um sinal da Palavra de Deus; porém, mais importante do que o Livro é a própria palavra proclamada. Por isso, parece mais lógico bater palmas, mostrar e beijar o Livro etc., *depois* da proclamação e não antes. A procissão não tem como objetivo mostrar o Livro, nem aclamá-lo, mas entregá-lo ao ministro e suscitar em nosso coração o desejo de ouvir a Palavra do Senhor. Quem carrega o Livro na procissão deve ter isso em mente.

---

[4] Encontramos algumas partituras no Hinário Litúrgico da CNBB, fasc. 3, pp. 20-22 e 40-41. Mas há outras melodias não registradas...

[5] Ver: BUYST, Ione. *Novo jeito de proclamar o evangelho* (Lucas 10,25-37, O bom samaritano). In: Revista de Liturgia, n. 97, jan-fev 1990, p. 10; BUYST, Ione. *Liturgia de coração; espiritualidade da celebração*. São Paulo, Paulus, 2003, pp. 41-43.

No final, o ministro beija o Livro (poderá também levá-lo para que o ministro presidente o beije) e entrega o Livro a um acólito ou acólita (ou guarda-o na estante ou na credência).

Livro aberto, ou livro fechado?

Penso que podemos usar de liberdade quanto a isso. Vejamos apenas alguns argumentos a favor de cada uma das duas maneiras:

a) *Livro fechado:*

- Tanto na tradição ocidental quanto oriental, parece-me que o Livro é sempre apresentado de forma fechada. Só se abre o Livro para ler.

- Uma questão de praticidade: poucos livros, principalmente de formato maior, resistem a muita manipulação para levantá-los e apresentá-los de forma aberta.

b) *Livro aberto:*

- Em alguns ambientes, a sensibilidade popular pede o Livro aberto.

- No ritual de ordenação dos bispos, o Livro aberto é colocado em cima da cabeça deles, indicando sua responsabilidade em anunciar o Evangelho.

- No enterro do papa Paulo VI, a Bíblia aberta em cima do caixão, com as folhas sendo reviradas pelo vento, ficou na memória de quem o viu, como uma imagem muito forte.

1) Como costumam ser proclamadas as leituras bíblicas em nossa comunidade?
2) O que podemos aprender com as sugestões acima?

II. O ministério dos salmistas

Quase tudo aquilo que falamos do ministério de leitores vale igualmente para salmistas, porque o salmo de resposta é uma leitura cantada. Aqui apenas complementaremos o que é específico do salmo e do ministério dos salmistas.

13. O que é um salmo?

Salmo é um cântico executado ao som do saltério, um instrumento musical de cordas, parecido, digamos, com o nosso violão. Na Bíblia encontramos um livro, chamado "Saltério" ou "Louvores", com 150 salmos. Há outros salmos ou cânticos bíblicos espalhados ao longo dos outros livros da Bíblia.

Ao longo de toda a sua história, o povo de Deus foi expressando sua fé e sua vida cantando, suplicando e agradecendo ao Senhor Deus. Os salmos quase sempre partem da situação difícil da vida e da história dos pobres: doença, sofrimento, desprezo, perseguição, ataques do inimigo, expulsão da terra, exílio, prisão, morte... Mas sempre terminam louvando e agradecendo ao Senhor por sua presença, por sua aliança, sua solidariedade, sua proteção...

Muitas vezes escritos na primeira pessoa (eu), foram assumidos na liturgia do povo judeu como sendo *uma expressão comunitária*. É todo o povo que, a uma só voz e um só coração, como esposa do Senhor, expressa diante dele sua fé, sua adesão à lei do Senhor, à Palavra do Senhor. Assim, o povo judeu nos deixou uma herança riquíssima, de teor espiritual incalculável. Gerações e gerações alimentaram e continuam alimentando sua fé orando e cantando salmos.

2. Os salmos nas comunidades cristãs

As comunidades cristãs foram entendendo os salmos como *profecias de Jesus, o Cristo*. Orientadas pelo Espírito Santo, foram reinterpretando os salmos a partir dos acontecimentos da morte-ressurreição de Jesus e também a partir de sua própria vida e missão, enquanto comunidades cristãs.

> Leiam, por exemplo, Atos 4,23-31. Vejam como a comunidade ouve o relato da prisão de Pedro e João e do interrogatório deles no sinédrio. Vejam como, de repente, interpretam este fato a partir do Salmo 2: "Os reis da terra se insurgem e os príncipes conspiram unidos contra o Senhor e contra o seu Messias. *Foi o que aconteceu nesta cidade:* Herodes e Pôncio Pilatos se uniram com os pagãos e os povos de Israel contra Jesus, teu santo servo, a quem ungiste...". Portanto, temos aí três coisas relacionadas: os fatos da vida, os salmos, o Espírito Santo que aponta para Jesus, o Cristo.

Em Lucas 24,44-48 Jesus diz: "... é preciso que se cumpra tudo o que está escrito a meu respeito na lei de Moisés, nos profetas e *nos salmos.*"

> Muitas outras passagens do Novo Testamento confirmam esta prática.
>
> Comparem, por exemplo:
>
> Mateus 21,42 (Salmo 118,22-23);
>
> Mateus 23,39 (Salmo 118,26)
>
> Mateus 26,23 e Jo 13,18 (Salmo 41,10);
>
> Mateus 27,45-46 (Salmo 22,2);
>
> João 2,17 (Salmo 69,10);
>
> João 15,25 (Salmo 35,19)
>
> João 19,28-29 (Salmo 69,22);
>
> Atos 2,24-28 (Salmo 16, 8-11);
>
> Atos 2,32-36 (Salmo 110,1);
>
> Hebreus 10,5 (Salmo 40,7-9).

Se quisermos orar com os salmos hoje, teremos de seguir o mesmo "método" das primeiras comunidades.[6]

---

[6] O *Saltério Litúrgico* do Secretariado Nacional de Liturgia de Portugal, editado na Gráfica de Coimbra, 2ª ed. 1992, é um preciso subsídio para aprofundarmos o sentido cristológico. Para cada um dos 150 salmos traz um pequeno texto de santo Agostinho, único "Pai" da Igreja do Ocidente do qual foram conservados os comentários do saltério completo. Quem for preparar a motivação para o salmo de resposta, poderá recorrer a ele. Cuidado, porém, com a numeração: é da Vulgata.

3. O salmo de resposta na liturgia da Palavra

Os salmos ocupam um espaço bastante significativo na liturgia cristã. Antes de tudo, são o elemento principal na Liturgia das Horas (ofício divino), juntamente com os cantos bíblicos do Antigo e Novo Testamento. Na celebração dos sacramentos e sacramentais estão previstos como cantos processionais (entrada, oferendas, comunhão e outros) e ainda... como Salmo responsorial, também chamado de "Salmo de resposta".

O salmo de resposta foi reintroduzido pelo Concílio Vaticano II, depois de 13 séculos de desaparecimento. Recuperou seu espaço como canto após a primeira leitura da liturgia da Palavra. É resposta em dois sentidos:

- porque o povo *responde* com um refrão aos versos cantados pelo salmista;

- porque o salmo é escolhido de acordo com a primeira leitura e de alguma maneira *responde* a esta.

É parte integrante da liturgia da Palavra, tem valor de leitura bíblica. Por isso, o salmo de cada dia vem indicado no elenco de leituras e vem impresso no Lecionário. Portanto, não deve ser substituído por outro canto. Todos temos o direito de usufruir desta importante herança deixada pela tradição do povo judeu e das primeiras comunidades cristãs.

O salmo de resposta consiste em um salmo com um refrão, quase sempre tirado do próprio salmo. Nem sempre é de "meditação": às vezes é de louvor, de súplica, de lamentação etc. Algumas vezes o salmo vem substituído por um cântico bíblico. Embora o Lecionário faça uma escolha de alguns versos do salmo, parece melhor ouvir o salmo por inteiro, conforme a mais antiga tradição.

Os salmos na liturgia participam da função memorial de toda a liturgia. Fazem parte da ação ritual, objetiva, que expressa e faz acontecer a salvação. São revelação, profecia de Cristo, do Espírito Santo, da Igreja, do Reino, celebração do mistério pascal. São pedagógicos (ensinam-nos a rezar) e mistagógicos (introduzem-nos no mistério); operam a transformação pascal.

Mas isto supõe de nossa parte um "trabalho": devemos ouvir e cantar *prestando atenção à letra e à música*, relacionando o salmo com as leituras ouvidas e com a nossa vida pessoal e social. Devemos "entrar" no salmo com todo o nosso ser, com toda a nossa realidade. Sou eu que clamo ao Senhor ... Ao mesmo tempo, este eu está ligado ao eu da comunidade como um todo e até de toda a humanidade, e ao "eu" de Jesus Cristo. Santo Agostinho nos diz que Cristo é o cantor dos salmos e nos convida a deixar o Cristo (com seu Espírito) cantar em nós.

4. Onde encontramos o salmo de resposta?

O texto do salmo, com o refrão e os versos escolhidos de acordo com a primeira leitura, encontram-se no Lecionário.

Nas páginas finais de cada volume do "Hinário Litúrgico" da CNBB, encontramos quadros com a referência do salmo de cada celebração e a indicação das páginas onde podemos encontrar partituras. Há CD's acompanhando cada volume do Hinário. Nada impede que sejam usadas outras melodias para o salmo indicado no Lecionário, contanto que se conserve este princípio: quem canta o salmo é o salmista; o povo ouve e responde com o refrão.

5. O problema da numeração dos salmos

Várias vezes já nos referimos a duas maneiras diferentes de numerar os salmos: a da Bíblia hebraica e a da tradução grega da Bíblia. Em que consiste esta diferença, de onde vem e como lidar com ela na prática?

A confusão em torno da numeração dos salmos já vem de longe, da tradução grega, feita em torno do ano 250 antes de Cristo. Quando o tradutor chegou no Salmo 10, pensou que fosse a continuação do Salmo 9 e traduziu os dois como se fossem um salmo só. Assim o salmo que na Bíblia hebraica era Salmo 11, começou a ser Salmo 10 na tradução grega. Por isso, a numeração hebraica tem um número na frente da numeração grega. Como esta, há várias outras alterações na numeração dos salmos. Eis o esquema das diferenças:[7]

---

[7] O texto e o gráfico são tirados de *Sabedoria e poesia do povo de Deus*, Loyola/Publicações CRB, 1994 (Coleção "Tua Palavra é vida"), pp. 48-49.

Bíblia hebraica:	Tradução grega:
1 – 8	1 – 8
9 – 10	9
11 – 113	10 – 112
114 – 115	113
116	114 – 115
117 – 146	116 – 145
147	146 – 147
148 – 150	148 – 150

Assim, exemplificando: o salmo *O Senhor é meu pastor* é o n. 23 na Bíblia hebraica e o n. 22 na tradução grega. Se quiser conferir qual é a numeração usada em sua Bíblia, verifique a numeração deste Salmo tão conhecido. A maioria das bíblias e outras publicações costumam colocar o outro número entre parêntesis: salmo 23(22) ou Salmo 22(23). Todo cuidado é pouco. Principalmente porque os Lecionários da Igreja Católica continuam usando a numeração da tradução grega da Bíblia.

6. Os salmos no Lecionário Dominical

Por ser a celebração dominical a mais importante de todas, reproduzimos aqui em forma de esquema a indicação dos salmos de cada domingo, nos três anos do Lecionário: A, B e C. A numeração seguida é a da Bíblia hebraica, como na maioria das bíblias atuais, no Hinário Litúrgico da CNBB e no Ofício Divino das Comunidades:

LECIONÁRIO DOMINICAL   Ano A   Ano B   Ano C

CICLO DO NATAL:

	Ano A	Ano B	Ano C
1º Domingo do Advento	122	80	25
2º Domingo	72	85	126
3º Domingo	146	Lucas 1,46-54	Isaías 12,2-6
4º Domingo	24	89	80
Natal do Senhor			
tarde	89		
noite	96		
aurora	97		
dia	98		
Sagrada Família	128	105	84
Santa Maria, Mãe de Deus	67		
2º Domingo após o Natal	147B		
Epifania	72		
Batismo do Senhor	29	Is 12.2-6	104

CICLO DA PÁSCOA:

		Ano A	Ano B	Ano C
Quarta-feira de Cinzas	51			
Quaresma, 1º Domingo		51	25	91
2º domingo		33	116B	27
3º domingo		95	19B	103
4º domingo		23	137	34
5º domingo		130	51	126
Domingo de Ramos	22			
Quinta-feira santa	116B			
Sexta-feira santa	31			

Vigília pascal 104 ou 33; 16; Ex 15; 30; Is 12,2-6; 19 ;51 ou 42-43; 118.

		Ano A	Ano B	Ano C
Domingo da ressurreição	118			
Páscoa, 2º domingo		118	118	118
3º domingo		16	4	30
4º domingo		23	118	100
5º domingo		33	22	145
6º domingo		66	98	67
Ascensão do Senhor		47	47	47
7º domingo		27	103	97
Pentecostes				
Vigília	104			
Dia	104			

TEMPO COMUM:	Ano A	Ano B	Ano C
SS. Trindade	Daniel 3,52-56	33	8
SS. Corpo e Sangue de Cristo	147B	116B	110
2º Domingo	40	40	96
3º Domingo	27	25	19B
4º Domingo	146	95	71
5º Domingo	112	147A	138
6º Domingo	119	32	1
7º Domingo	103	41	103
8º Domingo	62	103	92
9º Domingo	31	81	117
10º Domingo	50	130	30
11º Domingo	100	92	32
12º Domingo	69	107	63
13º Domingo	89	30	16
14º Domingo	145	123	66
15º Domingo	65	85	19B
16º Domingo	86	23	15
17º Domingo	119	145	138
18º Domingo	145	78	90
19º Domingo	85	34	33
20º Domingo	67	34	40
21º Domingo	138	34	117
22º Domingo	63	15	68
23º Domingo	95	146	90
24º Domingo	103	116A	51
25º Domingo	145	54	113
26º Domingo	25	19B	146
27º Domingo	80	128	95
28º Domingo	23	90	98
29º Domingo	96	33	121
30º Domingo	18	126	34
31º Domingo	131	18	145
32º Domingo	63	146	17
33º Domingo	128	16	98
Cristo-Rei	23	93	122

7. Os salmistas

Já que salmo de resposta é como uma leitura cantada, o salmista pode ser considerado um cantor-leitor, ou cantora-leitora. Salmodiar é uma arte; precisamos aproveitar os dons que Deus deu a certas pessoas. É também um ofício que se aprende; daí a necessidade de uma boa preparação e formação. Que tipo de formação?

- Uma formação bíblico-litúrgica: aprofundar o sentido literal e cristológico dos salmos; estudar cada salmo em sua relação com a primeira leitura e com o projeto de salvação de Deus.

- Uma formação espiritual: saber orar com o salmo, saboreá-lo como Palavra de Deus para nossa vida atual; saber cantar de forma orante.

- Uma formação musical: saber usar a voz de forma adequada, com boa dicção; se for o caso, até saber ler uma partitura simples; aprender as melodias dos salmos de resposta; saber se entrosar com os instrumentos musicais que eventualmente acompanham o canto do salmo.

- Uma formação prática: saber manusear o Lecionário e o 'Hinário litúrgico"; saber em que momento subir à estante, como se comunicar com a assembléia, como usar o microfone...; conhecer os vários modos possíveis de se cantar o salmo...

8. Como cantar o salmo?

"Cabe ao salmista ou cantor do salmo cantar de forma responsorial ou direta o salmo ou outro cântico bíblico, o gradual (isto é, o salmo responsorial) e o 'aleluia', ou outro cântico entre as leituras. Ele mesmo pode iniciar o 'aleluia' e o versículo, se parecer conveniente" (IELM, n. 56). "Forma direta" quer dizer: o salmista canta ou recita o salmo sozinho sem intervenção da comunidade. "Forma responsorial" é a forma mais comum entre nós, quando o salmista canta os versos e a comunidade intervém com o refrão.

O salmo é cantado da estante da Palavra, como as outras leituras bíblicas. Como na proclamação das outras passagens bíblicas, é fundamental a comunicação com a comunidade, não só através da voz, mas ainda através da postura e da expressão do rosto, que deverão transmitir o sentido orante do salmo.

Se for preciso alguém orientar o canto do refrão, que não seja o salmista, e sim, o dirigente do coro ou o animador do canto do povo. Cada qual fique com sua função e somente com a sua.

Geralmente, o canto do salmo vem acompanhado de instrumentos musicais, embora isto não seja necessário. Inclusive vale lembrar que, principalmente no salmo e nos cânticos bíblicos, os instrumentos deverão ser muito discretos. O que deve ser ouvida é a voz do salmista proclamando o texto sagrado. Os instrumentos deverão apenas apoiar, acompanhar discretamente, sem se sobrepor ao canto, sem impor seu ritmo, principalmente durante os versos cantados pelo(s) salmista(s).

Por causa de seu caráter de leitura cantada, a melodia para os versos do salmo deverá ser de preferência bastante simples, tipo recitativo.[8] Embora não se exclua outra forma musical, já conhecida do povo, como por exemplo, as melodias do *Ofício Divino das Comunidades*. No entanto, se forem usadas como salmo responsorial, este será cantado por solista ou solistas; por exemplo, uma voz masculina e outra feminina, alternando.

O salmo poderá ser introduzido pelo animador da celebração, o qual poderá fazer uma breve motivação, preparando nosso coração para responder ao Senhor, ligando o salmo com nossa vida e com a leitura proclamada.

Na seqüência, teremos, portanto:

- Primeira leitura. Breve silêncio.
- Motivação por parte do animador ou animadora.
- Refrão cantado pelo salmista, repetido pela comunidade, com ou sem acompanhamento de instrumentos.

---

[8] Vejam o *Hinário Litúrgico* da CNBB, agora também em CD's.

- Versos do salmo cantados pelo(s) salmista(s), com a comunidade alternando com o refrão, com ou sem acompanhamento de instrumentos.

> 1) Nossa comunidade tem levado a sério o salmo responsorial, principalmente nas celebrações de domingo?
> 2) Este salmo tem sido alimento para sua fé? Ou é apenas uma formalidade?
> 3) O que se tem feito para os participantes da comunidade aprenderem a cantar e rezar com os salmos?
> 4) Os salmos têm sido comentados na homilia alguma vez?

Indicação de leituras para aprofundamento do assunto:

IELM (Introdução ao Elenco das Leituras da Missa).

DEISS, Lucien. *A Palavra de Deus celebrada;* teologia da celebração da Palavra de Deus. Petrópolis, Vozes, 1998.

(Para o estudo dos salmos):

BORTOLINI, José. Conhecer e rezar os Salmos; comentário popular para nossos dias. São Paulo, Paulus, 2000.

Rua Dona Inácia Uchoa, 62
04110-020 – São Paulo – SP (Brasil)
Tel.: (11) 2125-3500
http://www.paulinas.com.br – editora@paulinas.com.br
Telemarketing e SAC: 0800-7010081